I0817216

La rana de
dardo
venenoso
Animales de la Selva Amazónica
Katie Gillespie
EYEDISCOVER

Ve a **www.eyediscover.com** e ingresa el código único de este libro.

CÓDIGO DEL LIBRO

AVC86269

EYEDISCOVER te trae libros mejorados por multimedia que apoyan el aprendizaje activo.

Published by AV² by Weigl
350 5th Avenue, 59th Floor New York, NY 10118
Website: www.eyediscover.com

Library of Congress Control Number: 2018942818

ISBN 978-1-4896-8207-9 (hardcover)

Printed in the United States of America
in Brainerd, Minnesota
1 2 3 4 5 6 7 8 9 0 22 21 20 19 18

052018
011618

English Editor: Katie Gillespie
Spanish Editor: Ana María Vidal
Designer: Mandy Christiansen
Spanish/English Translator: Translation Services USA

Weigl acknowledges Getty Images, iStock, Alamy, and Corbis as the primary image suppliers for this title.

EYEDISCOVER proporciona contenido enriquecido, optimizado para el uso en tabletas, que complementa este libro. Los libros de EYEDISCOVER se esfuerzan por crear un aprendizaje inspirado e involucrar a las mentes jóvenes en una experiencia de aprendizaje total.

Mira
El contenido de video da vida a cada página.

Navega
Las miniaturas simplifican la navegación.

Lee
Sigue el texto en la pantalla.

Escucha
Escucha cada página leída en voz alta.

Tu EYEDISCOVER con Seguimiento de Lectura Óptico cobra vida con...

Audio
Escucha todo el libro leído en voz alta.

Video
Los videos de alta resolución convierten cada hoja en un seguimiento de lectura óptico.

OPTIMIZADO PARA

- TABLETAS
- PIZARRAS ELECTRÓNICAS
- COMPUTADORES
- ¡Y MUCHO MÁS!

La rana de dardo venenoso

En este libro, aprenderás sobre

- cómo me veo
- dónde vivo
- qué como

¡y mucho más!

Yo soy una rana de dardo venenoso.

Vengo en muchos colores diferentes. Mi piel puede ser roja, amarilla, naranja, azul, verde, dorada o negra.

Mis patrones y colores brillantes me mantienen a salvo. Ellos advierten a otros animales que se mantengan alejados.

10

Salí de un huevo cuando nací. Crecí de renacuajo a rana.

Me gusta vivir con otras ranas. Formamos un grupo llamado ranerío.

13

Mis grandes ojos me dejan ver muy bien.

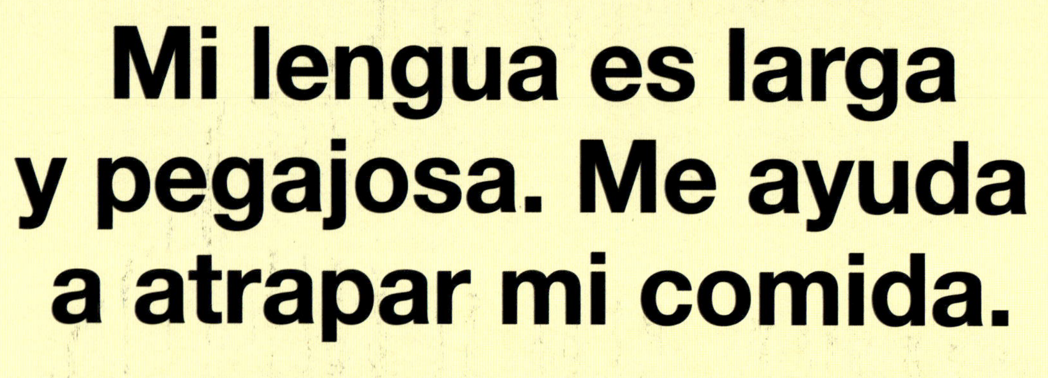
Mi lengua es larga
y pegajosa. Me ayuda
a atrapar mi comida.

Como insectos como hormigas y termitas. Los escarabajos son mi comida favorita.

Necesito un bosque cálido para vivir y mantenerme saludable y feliz.

RANA DARDO VENENOSO EN NÚMEROS

A las ranas de dardo venenoso les **nacen piernas** cuando tienen aproximadamente **8** semanas de edad.

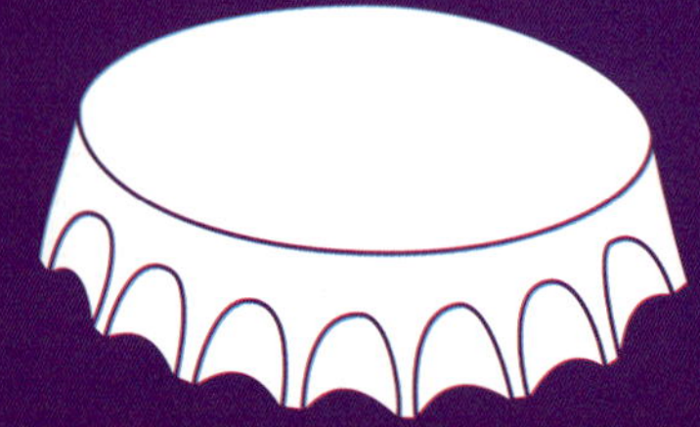

La rana de dardo venenoso dorada tiene el mismo tamaño que una **tapa de botella**.

Las ranas de dardo venenoso son conocidas como las "joyas de la selva tropical".

Solo **1 tipo** de serpiente es **inmune** al veneno de las ranas de dardo venenoso.

Hay alrededor de **180** tipos diferentes de ranas de dardo venenoso.

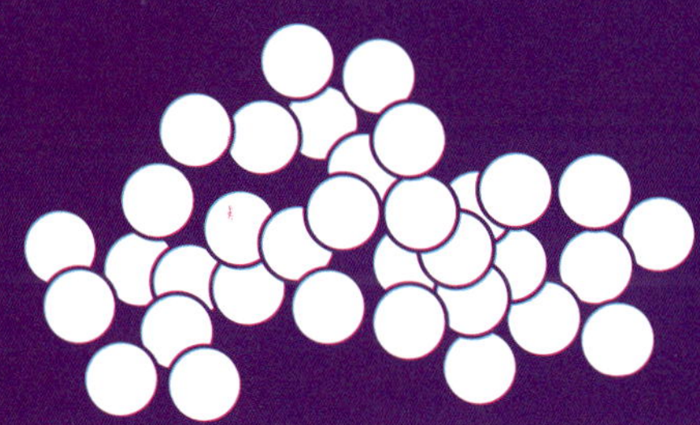

Las ranas hembra de dardo venenoso ponen entre **1 y 30 huevos** por acoplamiento.

Las ranas de dardo venenoso se llaman así por la **gente del Chocó**, que cazan con **dardos cubiertos de veneno** de ranas de dardo venenoso doradas.

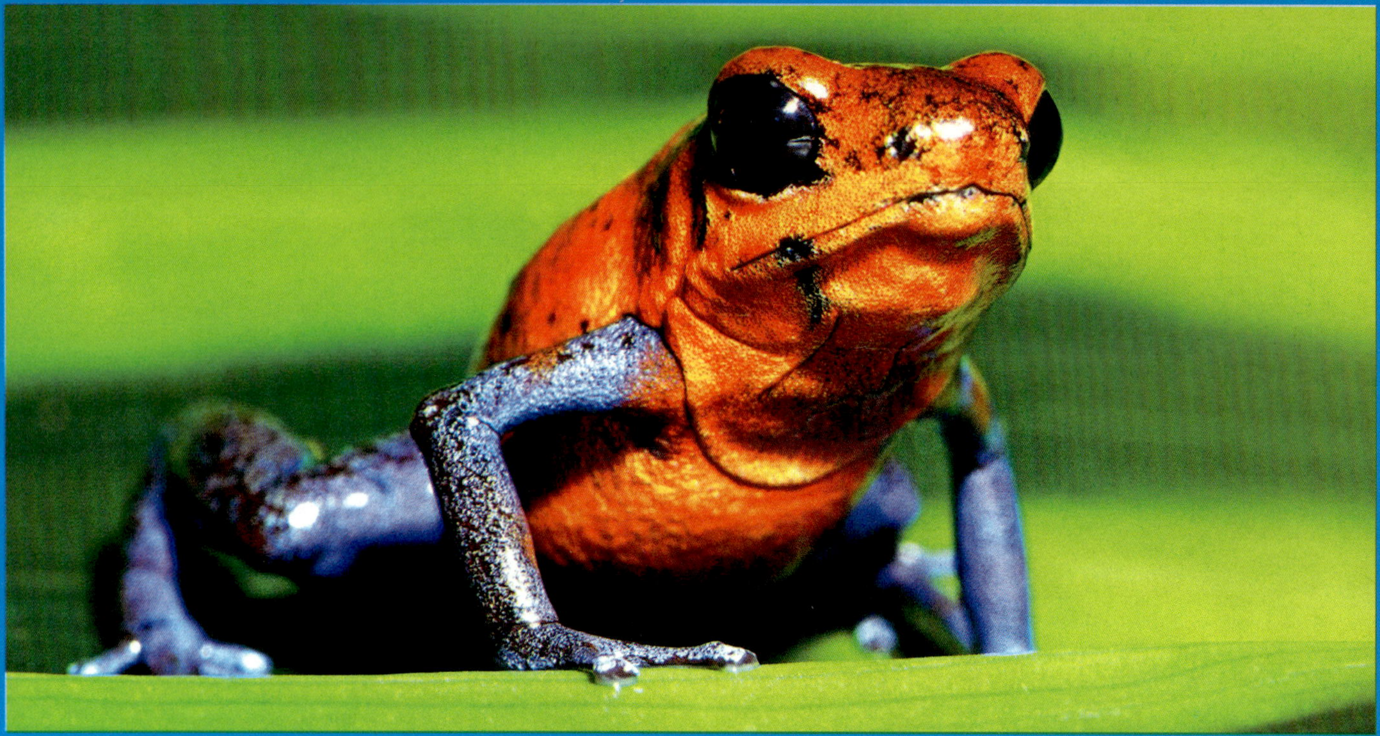

Mira
El contenido de video da vida a cada página.

Navega
Las miniaturas simplifican la navegación.

Lee
Sigue el texto en la pantalla.

Escucha
Escucha cada página leída en voz alta.

Ve a www.eyediscover.com e ingresa el código único de este libro.

CÓDIGO DEL LIBRO

AVC86269